Viandante En Nueva York

Osiris Mosquea

Viandante En Nueva York

artepoética
press

Nueva york, 2013

Title: Viandante en Nueva York
ISBN-10:1940075009
ISBN-13:978-1-940075-00-6
Design: © Ana Paola González
Cover: © Jhon Aguasaco
Editor: Carlos Aguasaco
E-mail: carlos@artepoetica.com
Mail: 38-38 215 Place, Bayside, NY 11361, USA.

Hablo de la ciudad, pastora de siglos,
madre que nos engendra y nos devora, nos inventa y nos olvida.

Octavio Paz.

Y entonces fue que dijimos:
Señor danos la gracia de levantar
ciudades iguales a los árboles que llegan
a estar maduros antes de quedarse secos.
(Génesis, capítulo 1972, versículo primero del futuro testamento).

Horacio Ferrer. "Las ciudades".

Volveremos a la calle a mirar transeúntes
y también nosotros seremos transeúntes.

Cesare Pavese.

A Mario Mosquea y Leonor Almonte: mis padres.
A mis hermanos: Fernando, Brunilda y María.
A mis sobrinos: Leonor, Ismael y Carolina.
A Mario Leonel: a quien amo con el mismo asombro del primer día.

Agradecimientos

A mis amigos: porque nunca antes en la punta de mi lengua, la luna
y los suspiros se cuajaron como cuando les digo que los amo.

A los viandantes: quienes con el índice en el corazón, registran
cada latido de las huellas dejadas, que también son las mías, prueba
contundente de este viaje.

Índice

Viandante En Nueva York

Inicio del viaje

Después que Dios creó el cielo y la tierra
y todo lo que hay en ella, el hombre
en su libre albedrío inició un viaje sin fin.

El viaje se inicia antes y después del fuego
En la primaria gestación, con el polvo y el soplo
Con la primera mentira: la manzana que inventó el pecado
cuando el primate diurno bajó del árbol
en la escena del fuego y la lluvia
sin equipaje, sin regreso, erectus sacudido sobre el prado
y habló sin saberlo con dioses desconocidos
los mismos que tocaron el acopio
la multitud desnuda de donde vengo
horda primigenia, cieno edificante y cenizas
Luego se formaron las palabras
Los primeros escritos en las piedras
Y entonces el hombre caminó entre la muerte
con el dolor en las pisadas, entre hombres sedientos
unos de pluma, otros de cuero, de multicolores pieles
bailando en la pradera junto al polen

El planeta se movía, giraba... y giraba...
las cosas echaron raíces
estallaron incansables, cincelaron la vida
y sin nombre, el hombre prosiguió su viaje
yendo y viniendo por crepusculares caminos
reposando junto a la semilla
entre puertas y ventanas que se abrían
en la apremiante vigilia de saberse vulnerable
Infectados de avaricia llegaron los barcos
y nos robaron la tierra
y nos negaron el pan
y se cambiaron los vocablos
y la palabra fue símbolo de engaño, muerte
Con la roja baba de su sangre
se engendraron los males
alimentó los vanos sacrificios
se construyeron los muros
conquistaron la luna
y se sembró el rencor como quien siembra un fruto
El hombre sobrevivió más allá del barro, el destierro y las cenizas
después del silencio, de su última batalla
el hombre continúa el viaje.

En la suerte de la isla

Tú que amas esta ciudad de nadie, de fugas…
tú que navegas en la suerte de la isla
donde una señora en el centro del Hudson
con aires de reina —por cierto francesa—
te recibe, te da la bienvenida y te seduce
regalándote el miedo por adelantado
la libertad condicionada a unas palabras entre paréntesis
donde todo, todo es diariamente perfecto

Tú que te quedas en este péndulo de sueños
que viajas en la amplia maleta del tren
con la dosis exacta para ignorarlo todo
viviendo las horas de minuto y medio
escamoteándole a la suerte
la verde y enigmática sonrisa de Roosevelt
en una constelación de egos por no perderlo todo

En esta ciudad que yo también habito
el centauro en Wall Street
se coloca la mitra o el bicornio
bendice las monedas
que recorren las calles de Manhattan
donde no se cuentan los naufragios

ni las veces que la nostalgia discreta
se cuelga en las alas de los pájaros
que ciegos se suicidan
en las fauces de las luces de Broadway

Tú que habitas esta ciudad de todos
de paredes vomitando apellidos
como el tuyo, como el mío
nombres huecos y lejanos
de muertos en refriegas ajenas
espiados por los ojos de los edificios
transitando atado al cinturón del miedo
que nos engulle en una fosa común
sudando la sangre que se queda en el filo de la navaja.

ENTRE BRISAS Y AGUACEROS

El tren se detiene. La muchedumbre entra y sale. Respiro, respiro y montones de alientos se depositan en mi estómago. Vidriosas miradas se enredan y amotinan, aletean y caen a retazos desvalidas. El tren continúa. Otros se aproximan con su delirante balanceo, con vida propia y chapucera convivencia, cebados de nostalgia cómplices de la añoranza y el vacío. Dueños de un compás que nos somete y nos golpea. Los pasos reeditados en los andenes son la memoria de un viaje, un *film* de lo incierto.

La ciudad se despeina de brisas y aguaceros
Viajan a prisa los trenes túnel adentro
tupidos de inevitable presencia
de rostros adormecidos
como goterones que se alargan
en el inframundo de los rieles
Vomitan olores y urgencias
en los andenes
depositan las huellas
en un trasiego monótono
entumecida orfandad
envejecida en los restos de una primavera
derrotada sin misericordia.

Todos los colores de Harlem

Es negra la danza del negro de Harlem. Negra la raíz, sus santos y la comida. También negros los labios que tocan el saxo, la trompeta y el trombón. Son negras las manos que golpean el cuero del Tambor Mayor, la jícara que resuena y se pierde en las caderas de los negros en el Apollo Theater. El contrabajo se derrite en el contoneo de un swing y el jazz, casi profano, se mece indomable.

La mirada del negro no es la misma en el espejo
se rompe de nostalgias en el Harlem River
en la presencia sorda
de su huella digital en las tabernas

Harlem pieza de museo de interés para turistas
repoblándose de blancos madrugadores
paseando sus perros
vestidos a la última moda canina

Charlie Parker se descompone en el tiempo
con un jazz en la punta de la lengua
en las notas de un saxo subversivo

Gospel, Swing, Charleston y Calipso

y la negra Jomes perdida en dos o tres compases de un blues
en la fuga de un blues
talla los versos con su cante hondo en las tardes de Manhattan
embotellando la manzana con rumores abstractos
con historias que aún no se han contado
reventando la bandera llena de viento
queriendo huir, huir

Davis se ahonda en el portón de su negrura
ébano, tiempo
voz, subterráneo ombligo
orgullo atezado, pluma

En su negra, amarilla, blancura sombra
Harlem con sus brazos quebrados
sigue allí, junto al River
deformándose en su geografía.

Desoída presencia

El hombre se adentra en la rutinaria búsqueda de sí mismo. Dirige hacia el horizonte su mirada, sabe que no es lo mismo sentirse solo que estar solo. La noche ciega desciende como un paracaídas que besa la ciudad. Sus pulmones se erizan con el aire de medianoche. En los viejos edificios, viaja una cólera escondida. Mil almas amortajadas en un balcón. Pretende oír sus voces en mitad del camino, atrapado en una memoria que duele. Las cosas nombradas convertidas en silenciosos adioses. "Ah, si fuera cierto que en este breve paisaje, se encuentra la realización del sueño que busco" —piensa. La ciudad es el cilicio que lo oprime, la máscara oscura, la delicia que quema y bebe sus ojos de sed y ausencias.

Todos pasan sin mirarse, invadidos de inexplicable temor
a pesar de la alegría en las calles
los avisos luminosos y el paisaje

El sueño permanece en su mirada
en el fatigado oficio de saberse vivo

Desde el cristal acuoso de sus ojos se derrama la ausencia
El polvo de su tierra se instala a gritos en sus venas
exhala pachulí, que al mezclarse con la brisa
lo devuelve hasta su orilla

Cicerónico un farol se pasea por la noche
el sangriento vacío de la ciudad
es el agujero negro de la muerte
donde el hombre se precipita
cayeeendo
cayeendo
cayendo.

Qué puedo ofrecerte

No te niego el lugar que crees el paraíso. He aquí la casa de amplias puertas, por donde muchos han entrado a la gloria o al infierno con pasos urgentes, donde agonizan las cosas que pudieron ser eternas. Densa y larga es la senda que te espera. Ojalá tu vuelo fresco alimente siempre las indefinibles escalas.

— ¡Aquí estoy! — dices —
y no es mucho lo que puedo ofrecerte
acaso un millón de lenguas nacidas de unos labios miserables
el soplo deslumbrante de esta isla sobre una multitud
que trasiega arrastrando su ignorada raíz
acaso la entraña que se abre y nos traga, se abre y nos vomita
vestidos de brisas otoñales
—Es una amplia casa — insiste — Es amplio su portón
detrás están los sueños, el centro del mundo
el paraíso
Lejos está la voz que promete el paraíso
la risa y el milagro
larga es la urgencia cotidiana que te aguarda
largos los silencios que te arrastran al hastío

Aquí desandarás ausencias y partidas
regresarás como los amantes
que juraron quererse para toda la vida
zurciendo tu armadura
recogiendo la resina de tus huesos
para reiniciar el surco de alquitrán
en la grieta del azar de la metrópolis
en tu invisible presencia

Qué puedo ofrecerte más que mis brazos
Para este gélido espacio que te espera
la neurosis de unas calles atestadas, indiferentes
que denuncian el agónico vacío de habitarla
el monótono tictac
que dicta tu marcha ciega de arlequín
en la ciudad desconocida
el miedo escondido en tu silencio
el peso de una muerte, esparcida en la distancia
o el regreso en un momento
como una aparición
como astro salvado del naufragio.

PIDO SILENCIO

Pido silencio por la noche
que gesta los días por venir
la vigilia que tiembla
la voz que se precipita al vacío

Por los párpados de una mujer
que perdida en la ciudad
recoge su desnuda ternura
de cayenas en el asfalto

Por el húmedo instante
en que cae su inocencia
la roja caligrafía de su cuerpo
procurando su memoria
un lugar después de alimentar el miedo
el fútil tintineo que estremece sus linderos
la imagen que ahora pasa de largo y se pierde
en la mitad desnuda de una noche sin regreso.

Cuando la noche asciende

La ciudad arroja su velo sobre la noche que asciende.
Sus pliegues son un soplo que repite la blasfemia que quiebra
la voz convertida en recuerdos, la perpleja sacudida de una
extranjera mirada.

Ante el disfraz que borra una sonrisa
una mano nocturna guía la copa
que contiene el misterio de las cosas huidizas
la certeza de un transeúnte
de que la ciudad es
un barco iluminado que naufraga y se hunde.

La palabra que callo

La palabra se niega a sí misma. Es otro el rumor en su voz muerta.
Punzo su cuerpo inútilmente. Horizontal sobre mí resbala, viscosa
se transfigura, penetra mi boca y me ahoga.

Del equipaje del silencio extraigo la palabra
miles acuden rebelándose culpables en mi boca
derramada en mitad del tráfago de las calles
en los escaparates que alucinan
y el oropel de las fuentes incrédulas

La fosa abierta de la ciudad
se traga montones de lenguas
a través del día
solo mis huellas delatan mi presencia
extraviada en cualquier mirada
sofocada en el olor de lana vieja
en el sudor de miedo demorado en mi cuerpo
viajando hacia adentro
ahogándome en la palabra que callo.

Algo que duele

El cielo es un mar suspendido. Lentamente se vacía sobre
la ciudad a goterones infinitos y dolientes. La lluvia es
un telón que cae desgarrado por su bóveda agrietada y
va rompiendo las cosas en su caída.

Esta noche llueve como nunca
Mi corazón de búho y amapola
tiene aires de noviembre
de la arcilla que viaja en la pupila rosa de la tarde

Llueve tanto que hay algo quebrado
algo que duele en Nueva York.

CUANDO AMANECE

El hálito del amanecer abraza la ventana. La penumbra del alba se asoma, el rumor de la ciudad empieza a gotear sobre el pavimento. Los edificios anochecidos, saciados de sueño y fatiga, despiertan del hechizo que se comía la luz que ahora se filtra como un soplo. Las personas se desperezan para proseguir escribiendo sus historias sin resistirse al juego.

Nunca es más hermosa la ciudad
como cuando la noche
en secreta liturgia cede paso al día sin urgencias

Sus escombros se volatizan en el paisaje y el graffiti
y los pasos se quedan reducidos al asfalto

Imagino las que debieron ser las estrellas
detrás de los edificios
en el rectángulo del cielo amanecido que atisbo
detrás de una tristeza peregrina instalada en mi memoria

Frívola la mañana
se cuela entre los visillos del día sigilosa y descalza
me estremezco en el instante de saberme
salvada del sueño, sobreviviente de la noche
para ver el temblor del amanecer

Una multitud prófuga se precipita
sobre el prodigio del día
conquistando las calles
la desembocadura de los trenes que no duermen

El estío se pasea como un recién llegado
reafirmando su sed
su decisión de quedarse

Lento el día se ahonda en la manzana entera
poblada de sirenas, almacenes, buhonerías
duros patrones
del mercado del polvo en las esquinas
nefastas noticias e ilusiones nuevas
tremolando en la brisa

Yo, que digo estas palabras
que vengo del vuelo despeinado de una isla
lanzada sobre el mapa del Caribe
me regocijo en esta hora
en que es más hermosa la ciudad.

MIENTRAS LLUEVE

Esta noche mientras llueve en la ciudad
las miradas repletas de miradas
se esconden
después de la denuncia del acento
y la huida agitada de sí mismas

Es la hora del fin de una historia — mientras llueve —
de la punzada que asalta
que gira en la memoria adolorida
en el vitral de los ojos que consternados
cuentan hasta cero
ascendiendo a la nada sedienta
al oscuro sumidero del recuerdo
a la evidente herida que incita al miedo.

El final es como la noche

La noche se desploma y no sé qué hacer con ella
con el velo de la nieve que cae

Las horas se desgranan como una acción dictada
bestiales y hostiles

Reconozco la herida que han dejado en mi espalda
la laberíntica soledad
el quebranto que asciende
la presencia de una estación derrotada
que amenaza mis últimos bostezos
resquicios donde penetran los ojos de la muerte.

Libérame de ti

Me extravié en ti. En el adviento de tus símbolos. En tu latido fulminante y el embeleso inagotable que provocas. Sodomizada por el vicio de habitarte, permanezco atada a tu azogue, al coágulo que dilató mis días. Perdida en ti, como en un dédalo, no sé quién soy ni a qué he venido.

Libérame esta noche
del horizontal reflejo que corroe mi mirada
Borra esas paredes graves y luminosas
el retozo constante de tu aire sombrío
Libérame tú de la máscara
que desciende y me toma de un zarpazo
del error de habitarte: desconocida, terca
tristemente húmeda de ajena sangre
Las raíces que me aguardan fluyen
desde mis pies empotrados en ti
¡Libérame! de ellas
Libérame de las cosas que poseo
desdichadas, portadoras de memoria
del camino que hace tiempo
dejé caer sobre la longitud de tu cuerpo
al que siempre regreso extraviada en tu salida
pasajera mutante intentando recoger su cuerpo

Libérame del millón de luces que enceguecen
del pomo de la puerta que ciñe la noche de estío
los cristales rotos manchados de ti, de la carne que deseas
Libérame de tu abrazo de manzana
del sinuoso remolino de tu carne enferma
de los puentes danzando en el vacío
de los cuarenta y un disparos que abatieron a Diallo en una calle del Bronx
Libérame de la mirada norte azul acuñada en tu moneda
Libérame del feto en la basura
de tu comida rápida y del centro comercial
Abre las puertas
derriba las murallas que limitan el abrazo entre mi hermano y yo
Libérame de la sangre derramada en tus contiendas
libérame de mí, oh ciudad
agujero de luz que se alimenta de mi negra blancura
Mi ávida ilusión se cuelga aún de tu mirada
quebrantando mi acento, aprisionándome en el miedo
Líbrame de tus noches de vértigo y caricias
del delirio de tu hierro y el cemento
del pesado lastre de tus torres muertas
y el odio que te nombra
y tu extranjera anfitriona, alucinante y altiva
de pie sobre la alfombra del río

y tu sílaba de miedo fundida sobre el plomo
y el arrugado tiempo, putrefacto en el hueco de la incertidumbre
y del tristísimo extranjero goteante en tu espalda
y del correr de las hojas de otoño trémulas y locas
y la obscena ostentación de tus ornamentos
de la mentirosa gratitud que te profesan
del anónimo naufragio, del destierro
y la órbita enloquecida de tus ojos
Libérame mientras sigo aquí, anclada
en la perfecta telaraña que emites
en el glaciar desprendido de tu última emboscada.

Siempre es gris en los cementerios

> *Siempre es otoño en los cementerios.*
> Juan Manuel de Prada.

Siempre es gris en los cementerios
justo aquí donde te busco madre
entre apellidos extraños
Smith
Lenfestey
Rockwell
Johnston
todos ellos, tan distintos al tuyo
que aún me huele a campo
al mar azul de la isla
a esencia de gardenias y siempre fresca

Percibo el silencio en los labios de las criptas
en la calma vencida
de este recinto sembrado de cruces
destino invencible de los cuerpos

Ángeles de piedra
custodian un mundo de secretos sobre la pesada losa
resignados al olvido
artificiales flores son batidas por el viento
cual banderas exhaustas
infectadas de derrota

Los tulipanes regresan de un largo invierno
entre austeros crucifijos y abrojos

Los asordinados rumores de la calle
la indiferente geografía de los edificios
contrastan con esta calma eterna
con este crepuscular mundo de piedra
lloviznado de neblina

Una luz nostálgica se precipita furtiva
sobre una imagen esculpida en el mármol
coronada de polvo
muda persistencia del recuerdo

En este recinto de ausencias
una cortina de soledad penetra mis ojos que te buscan
entre estatuas y piedras
intersticio de un tiempo detenido
en un agujero sin respuesta

Qué hay en ese vacío que ahora habitas
bajo el mármol lejos de aquí
qué es de ese tiempo oscuro
que subterráneamente extingue
desde tu encanada cabeza
hasta tus pies pequeños
cómo te encuentro tras el manto aneblado de la muerte

¡Madre!
Siempre es gris en los cementerios.

LOS OJOS QUE TE AGUARDAN

Dónde están los ojos que te aguardan
dónde en esta larga cicatriz
tendida sobre el Hudson
cuando su húmeda lengua toca tu piel
y en tus párpados perecen las horas

Dónde en tantas puertas cerradas
cuando la noche se deshace
del torbellino escuálido de un viaje
bajo la luna que fallece
en una voz
fragmentada en tu pecho.

Sobre una ociosa mirada

La membrana gaseosa de la ciudad
curte su cicatriz invertebrada
El tiempo se alarga y anuncia la noche
La débil tonada del silencio se desliza
y se ahueca desordenando la estación
que muere cargada de rumor y delirio
cuando el mohín de la tarde
inmoviliza la espera tenaz
la magia con que asiste
una ociosa mirada
al tono rojizo del atardecer
vertido sobre los viejos edificios.

COMO UN LOCO

Bajo una luz en cuarto menguante se esconde el indigente, no lejos de la voz que le ha negado el paraíso. La piel de la ciudad es una vieja maleta donde desordena su equipaje y construye un nido de cosas inservibles, descartadas. Zurce cada día su armadura de harapos, sobreviviendo en las grietas de la ciudad invisible.

Quiero quedarme
en la memoria de un loco
de uno de tantos
que deambulan por las calles
navegar en ella
burbujear en su prisa de aguacero
en su empeño de ser parte del paisaje
oscuro o centellante y luminoso

Quiero quedarme en su sed de eterna levedad
en su lengua configurarme y repetirme
desbrozar la espesura del tiempo en los trenes
repitiendo una canción hasta el cansancio
vivir en sus imaginarios sueños
en la vigilia de sus sentidos
en su tiempo que se alarga
y los días que derrama
sobre el grabado de este norte de acero que nos marca

Quiero quedarme en su aventura
en los lustros que erigen sus noches
en su antiguo lenguaje
en la desconocida sentencia
cifrada en las paredes indiferentes
en los incógnitos deseos de su alma

Saberme lejos, hasta hacer ciertas las visiones
permanecer vagando en su dédalo espeso de orate
cimbrando en las cosas que no calla
en las noches en que se atreve
a desafiar el tiempo sin abrigo
perturbar el ojo de la mañana
cuando las voces florecen al penetrar en su boca
y entonces dice las cosas que no quieren escuchar
las que las sirenas cantan como voces humanas

Quiero vivir en la memoria de un loco
porque no se envejece en su frescura
en el tintineo de su espera
en el milagro de su extravío
don que mata el miedo a las estaciones
símbolo, espejos
escaleras, lustros

Quiero vivir en su memoria
pernoctar en las viejas fábricas
en los templos
sin el afecto de Dios, ni celebraciones de fiestas
sin dividendos
entre ratas, ninfas de la ciudad
jugando una partida
sobre un lote de basura frente al fuego
mientras el cruel invierno
lava sus pies en el asfalto
y como inquilino
se instala en la membrana de los huesos
en el vaivén de las rodillas
las manos deformadas
los brazos que se encogen
las heridas de los dientes
en el esqueleto que se tiende sobre una cama enferma
fétida y pesada

Cuando amanezca
y la mañana ascienda con su pesada carga de vigía
y en su prisa extravíe su brillo y se extinga

en el ataúd de la tarde y se repita
cuando todos cierren las puertas
bajo la nada de un cielo ya vacío
yo seguiré viviendo en la memoria de un loco.

ENTRE OTRAS COSAS

Entre otras cosas
da lo mismo si hay cellisca o llueve
si es el amor o los amantes
en la ciudad que transitó el poeta
el mismo poeta en Nueva York
el que levantó su voz
 junto a Whitman en los trenes
y le escribió estos versos como quien pare a un hijo:
"Y tú, bello Walt Whitman, duerme a orillas del Hudson
con la barba hacia el polo y las manos abiertas".
El que libó la manzana de la boca de un pez en Central Park
y danzó con los negros entre edificios y palmeras en Cuba y NuevaYork

Entre otras cosas
nosotros también mordimos la manzana
deshojamos en las esquinas
la hora sorda que golpea
y amarga a cualquier Karenina en la calle
junto a un hombre que naufraga en su corbata roja
ella de verde y violeta
resignación de plomo en su cartera
bajo el muérgano sutil de la tarde
que transitó el poeta.

Nueva York cinco de noviembre

En otra ciudad pudo ser peor que en esta que soy venturosamente ignorada. Donde soy una más, en su baúl de hojalata. Pasajera de tercera con mucha razones para quejarme. Pero sigo aquí, regreso y callo. Quizás es mejor aquí que en la que pudo ser peor.

Nueva York cinco de noviembre dos mil once
Retardezco
Tercamente vivo…
Inexorablemente espero
cayendo en el fondo de la memoria
atrapada en el silencio de una página en blanco
una trampa ocho y medio por once, sin horarios
Nadie me dijo que este fuera mi destino
que el día se acaba al mirar el reloj:
son las doce y hay tantas cosas urgentes…
El tiempo ha pasado sin hacer ruido
sin sentirse en su omnipotencia
debajo de mi piel
en los párpados de la ciudad que despierta sueña
Todo quedó atrás como un paisaje
desdibujado sin retraso.

COTIDIANO

Agotado el tictac, la hora aflora a la superficie de los labios del despertador. Ahogada, brota con una exhalación agónica. Mis ojos vagan flotando sobre el brocado de las cortinas. No sé qué son después las horas: promesas, tentaciones, adioses o simplemente cotidianidades.

El reloj vomita su ruido cotidiano
seis y treinta
el día se desata
del anillo de la noche
 y una gota de luz penetra la ventana

Me adentro en la cotidianidad del día
un café negro
ante la indiferente mirada del comandante:
boina negra y su estrella solitaria reluciente
Veinte grados bajo cero afuera
un verso se envanece en mi boca
inútil desafío que no quiero repetir
aunque mis manos hablen.

Una tarde

Estaremos solos cuando una mano anónima deposite sus huellas en la pared una tarde solitaria llena de cotidianidades. Acrílico el aire, es la monótona resaca de una luz en cuarto menguante.

Una tarde querremos estar solos en la ciudad
ausentes de sirenas
del banal juego de seducción
de la embriaguez de sus noches

Despertar de su frialdad
con la cálida caricia que trajimos
desde la nada tibia hace tiempo
de su sueño muerto, lleno de voces
de la nieve de enero

Una tarde
cerraremos los ojos asombrados
perdidos en el nadir del regreso
siguiendo inevitables líneas melancólicas
extranjeros hasta en la sangre
que no cabe en un panteón de tercera.

Prometeo en Manhattan

Si Prometeo habitara Manhattan
robaría las miradas inservibles
los ansiosos balcones que como nido de pájaros
solitarios envejecen

Si Prometeo habitara Manhattan
estaría aquí sin más remedio
sintiendo el olvido de los dioses
espiando la lluvia
sintiendo pena por algún muerto desconocido
embotellando el aroma, la alegría
que traen sus feriados
y el retozo urgente de los pasos en las calles

Si Prometeo habitara Manhattan
desterraría su mentira
la vacuidad del entusiasmo de sus fiestas
el tiempo donde bebe
la noche que lo mira y aprieta su garganta
metido en un vientre huyendo de sí mismo
o colgado de algún puente lanzándose al vacío
sabiéndose infinito

Si Prometeo habitara Manhattan, como habitar el Olimpo
sin miedo a los dioses — ya burlados —
protegido por el círculo del fuego
hablaría español en cualquier esquina
sin salvoconductos
y sin temor.

Libero mariposas debajo de mi almohada

Libero mariposas en fuga cósmica debajo de mi almohada
Viaja insomne la noche sola
Vuelvo sobre mis huellas, al largo corredor de las calles
y la ciudad es un astro roto.

La tarde, una vieja fotografía

Una multitud se ahonda en sí misma, lloran sobre los cristales de los grandes edificios que no dejan ver las estrellas. Tratan de tocarlas reflejadas en sus escaparates. El brillo hiere sus pupilas y casi ciegos siguen soñando. ¿Quién les dijo que aquí podrían ver y tocar las estrellas?

La tarde es un álbum fotográfico
en medio del camino hacia la noche
una oda amarga reposa en su dintel
escupiendo espumas

El aire golpea las huellas fatigadas
sobre el pavimento

El tragaluz atisba los edificios
cementerio insomne de vivos
cosiendo la esperanza
remendando con palabras la ausencia
nodriza en la nada
de una fragmentada memoria
que se desliza
y los acosa en la espera
de un idílico regreso.

Quién

Quién recogerá esta lluvia cóncava

La garganta que libera la canción ahogada en los huesos
el vacío que han dejado los muertos
que no tuvieron ocasión de despedirse
la maternal espiga que rehará los frutos
la nueva línea de sangre

Quién recogerá las cenizas
de los ojos que se cierran por no ver precipitarse las estrellas
la caída horizontal de la luz sobre tu cuerpo

Quién recogerá las horas que escondidas en los relojes envejecen
tu obsequiosa mirada de domingo
y los gemidos que se adentran al abismo
de una tarde que se rompe

Quién recogerá la fatiga de los árboles, del planeta
la cotidiana multitud asustada, herida de otoño
y los rascacielos envejecidos, cubiertos de musgo

Quién por derecho propio
pedirá la eternidad por un milagro
a pesar de la aventura de los meses
la soledad cayendo detrás de sus puertas
y los días ya pálidos en la memoria

Quién recordará a todos
aferrados a una barca en el Leteo
cuando llegue la muerte.

Sin cerrar mis ojos

Regreso al lugar donde nacen framboyanes
y graznan los pájaros en la ciudad
desatada al fin de esta lejanía
sin cerrar mis ojos.

Y te alejas

Siempre acudo a ti casi derrotada
a tu cielo oxidado y frío
a tus jardines en invierno
al puntiagudo viento
ondulante como la furia sorda de una ola

Siempre acudo a ti
a tu vagabundo meridiano
suelta entre los náufragos que te habitan
y te alejas.

TRAS EL CRISTAL

Detrás del cristal, todo se diluye, antagoniza y se hace sombra: el parpadeo de los faroles en las calles, la lluvia que cae, la marca de un transeúnte arrojada sobre el asfalto, los quietísimos momentos añiles y casi nulos de unos ojos tras la ventana. Todo lo engullen las alcantarillas al caer la lluvia, hasta la caricia niña que navega en algún cuerpo sembrando una semilla.

Una neblina gris me asedia
detrás del cristal de la ventana

Un acre olor flota en los rincones de la casa

La piel de la cebolla
extrae su lengua y lame las paredes
que esconden malversadas palabras
las dichas, las no dichas
las horas derrotadas en el círculo de la alfombra

Un chubasco golpea en la esquina
el rancio escote de la calle
la luz se inclina sobre la oscura

visión de un transeúnte
que remoja sus lágrimas con la lluvia
como si fueran las últimas

El reloj continúa dando las horas
sin importarle el chubasco,
la mirada indiscreta de la lámpara
o las transitadas calles de New York

Las alcantarillas engullen
los secretos de la noche
todo lo que abrazan en su vientre bajo la lluvia
y con fugaz resentimiento
el ojo del farol me espía.

Si te amara

Si te amara por entero
si casi te amara en una escala del uno al diez sin rendirme
sin resistirme a este viaje iniciado hace tiempo
solitarias mis alas, temerosas a la intemperie
sin un grado de alcohol entre mis venas
sin repetirme en tu armonía de nada luminosa
en la enferma aventura de quedarme
cotidiana, mirando desde el fondo de mí
la lumbre que quema sin piedad los anhelos.

En la ruta del regreso

En la ruta que altera el regreso
una pasión sin norte
es el norte
delirio jugando a ser
y es
sólo estadísticas, números que se borran de un plumazo
onerosa herida ante el ojo indiferente de la ira.

Anagrama de la felicidad

Ella ostentará la braga negra de seda. Junto a la pared, con dulce entonación, le dirá las cosas que a muchos repite. Besará su boca en mitad de la alcoba, sin cerrar la puerta. Se tenderá en la cama y se quitará su seda negra. Él contemplará su cuerpo como si leyera un libro. Ella lo mirará. En su piel habrá quedado un nuevo perfume.

La noche delira en Manhattan
Ella...
es una cajita mágica depositada en su sexo
en la ráfaga de luz
que se extravía entre los bruñidos cristales
de los escaparates

Remueve los escombros de la noche
en la geometría erótica de un encuentro
como en una escena de Degas que se repite
entre juegos y ritos de Safo
dejando en cada labio el aliento de Afrodita

Ella...
en cualquier esquina
permanece invicta a la tristeza
a las altisonantes miradas
a pesar de los estigmas acumulados en su cuerpo
como arrugas nostálgicas
sobre su piel esmaltada de ajena geografía

Una tristeza sepia se instala en sus ojos
tan vieja como los sacramentos
peregrina deambulando
atada al sexto mandamiento
ajena a Dios y a su misericordia.

Sábado en el Village

A plena noche se precipitan las miradas, los ojos bien abiertos se posan desnudos sobre un sexo rosado, de seda y terciopelo. Los amantes permanecen sumidos en la noche inquieta. Hay entre ellos y la ciudad una secreta convivencia que los provoca. Ellos gritan que se aman hasta en el aliento de sus cuerpos repetidos. Se aman, desenmascarados, con un goce que se esparce y se filtra en el acero.

Sábado

Su insomnio convoca en el Village

Los destellos de luces hieren como dagas
cuando el milagro de una mano
salva la caricia
la rosa que crece entre los senos
la cabellera y la invisible brisa
el látex tibio, el gemido del semen
que en la sed de los ojos
se siente en la boca

Una moneda
observa desde un tranvía
algo anuncia su aleteo procaz
sobre los rosados personajes
en la epidermis de su sexo
y el maquillaje se derrama
en un orgasmo desahuciado, suicida

Un humo sale de la boca
de una vagina huérfana y mendiga

Es nupcias la respiración, el gemido
sortija que recorre un costado de Manhattan.

Como un astro en la garganta

El Hudson es una estela líquida que fluye rodeando la ciudad, indiferente a su imprevisible juego, al mundo que se ahonda en las pupilas. Los grandes edificios parecen taladrar las nubes. El resto es la nada, cuando la oscuridad retrocede ante el atentado de las luces sobre las avenidas.

Para llenarse de ti
te llevan como un astro en la garganta
en el costado irónico de los meses desatados
en el huérfano quebranto de su herida

Eres todo el mundo ahondado en sus pupilas
en las públicas pantallas y edificios
luz que pega fuerte en la avenida
donde los transeúntes van y vienen.

PURA DESNUDEZ

Desnuda sobre tu arruga gris, tu frío me resbala como los labios
de un amante complacido.

Te doy mi desnudez
en el instante de tu obscena mirada
en tu delirio jadeante, en plenas calles
remolino agónico que ata y estremece
es juego tu fuego adyacente a mi cintura

Te doy mi desnudez
que es larga y duele
habitando tu contradictorio ombligo
gangrenado, furtivo y blasfemo

Te doy mi desnudez
en tu incestuoso paisaje
en los colores y estrellas que te nombran
en la brizna del llanto que escondes como un delito

Te doy mi desnudez como una sombra retorcida
esparcida en toda tu extensión
y tengo frío.

Desconocido, deserto

Desconocido y deserto
en esta orilla de remota inocencia
te adentras al vacío

Tu herida sabe de inmemorables tiempos
a sangre, tu sangre
sabe a la sangre que también es mía

Volvemos juntos como estela agonizante
deletreando corpóreos milagros
quebrado intento del ser que nos convoca
en un corredor infinito
silenciando largas páginas amarillas de sueños
infinidades de cosas.

Nombre propio

Nadie te llama por tu nombre
nadie conoce tu historia
ni te dice hermano perdido entre otros pasos
ciego a las huellas que nos deja para encontrarte

Nadie te llama por tu nombre de pila
en la extensión de la ciudad que te rebasa

Nadie sabe que eres gota que golpea los muros
…que lates sin cesar en el vacío
grabado en el mito de la memoria
eco peregrino fuera de ti, vestigio de nosotros
que nos salva del abismo.

Manhattan, mujer multiplicada

Eres una mujer multiplicada
en un océano de voces repetidas
despierta en plena noche agitada por el viento
desde la nostalgia de los puertos

kafkiano espejo donde se asombra una mirada
tentador acero que mira desde lejos

La imponente vastedad
de tu delirante orilla
trasiega en ti misma, en tus iluminados secretos
nadie resiste tu desmedida presencia
tu esplendor construido sobre piel extranjera
deseada, diáfana flotando sobre el Hudson

Eres un latido ajeno rodando sin brida
labios de invierno que besan
y tiemblas cuando una mano toca tu rostro
o la muerte entra a la amplia habitación de tu casa

Me despido de ti y me suspendo
hace tiempo que quería decirte estas cosas
pero lo había olvidado.

FINALMENTE

Dejo que el recuerdo se pierda en la isla
que naufrague el susurro del pasado que me pesa
las cicatrices que vuelven con los años
y el púrpura del árbol de las cosas imperfectas
definitivamente pretéritas.

Epílogo: Confesión de un viandante

Escribí estos versos en la ciudad que hemos elegido. Son la memoria escrita. El signo del viaje que hemos emprendido. La presencia de sánscritos ocultos. Una forma diferente de repetirme y repetir otros versos. Los fui construyendo con palabras arrancadas de muchos labios sellados, de rostros anónimos y de la abulia cotidiana que desgasta. Son estos versos mi obstinación, la cicatriz aleteante del paisaje donde se fue quebrando mi mirada. Todos prestados. Muchos quizás de colores oscuros, tristes, de mísera suerte y blasfemos. Llenos de gritos, de rotas lenguas. Versos de palabras grabadas en las paredes, en las actas oficiales, en la dosis del amor dejado en algún lugar de la noche o en el color de una piel cansada. Por suerte la esperanza aguarda. Los pasos venideros como danzas infantiles retomarán por siempre el lugar que, a pesar del rechazo, nos pertenece, porque nunca termina la magia del vuelo. La flaca ilusión se repite deambulando en los andenes, en las fábricas y trenes, en montones de puertas y balcones, en la ardua tarea de sobrevivir en la ofertada manzana. Los días se marchan. El viento quizás disperse mis palabras, en el unánime amanecer en que el hombre reinicie el viaje después de compartir las frías tinieblas o seguirán infinitamente anónimas en los ciegos y repetidos espejos de Manhattan.

APÉNDICE CRÍTICO

OSIRIS MOSQUEA Y SU VIAJE SOMBRÍO POR LA CIUDAD

Por José Acosta

Leer *Viandante en Nueva York*, libro de la escritora dominicana Osiris Mosquea, es montarse en un barco que navega por un océano brumoso, y observar desde la proa, entre destellos, pasajes claroscuros de una urbe neoyorquina donde siempre llueve y la luna está en cuarto menguante. Y lo que logra el hablante lírico en esta obra, es tomarnos de la mano y hacernos viajar, porque en el fondo, la poesía no es más que viaje. ¿Hacia dónde? Hacia lo más recóndito de las cosas, hacia ese lugar ignoto, supremamente interior, donde el hombre abre los ojos y logra ver y lo que ve lo aturde, lo mata y a la vez lo resucita.

En ese viaje que es *Viandante en Nueva York*, los poemas se abren como grandes ventanas, y dejan ver soplos que se prenden y se apagan, soplos que golpean con la contundencia que sólo puede dar la poesía. Y por esas ventanas podemos ver que "La noche ciega desciende como un paracaídas que besa la ciudad", porque la noche sólo puede existir de esa manera en una ciudad enferma por la luz, y hasta se puede ver por las calles, como lo revela el hablante lírico, "un farol (que) se pasea por la noche".

Dentro de Nueva York hay una ciudad desconocida, recorrida por una multitud que por su prisa se ha quedado ciega, y apenas

109

puede sostener las cosas que huyen de ella. El hablante lírico lo sabe y lo denuncia: "la neurosis de unas calles atestadas, indiferentes/ que denuncian el agónico vacío de habitarla/ el monótono tic, tac/ que dicta tu marcha ciega de arlequín/ en la ciudad desconocida/ una mano nocturna guía la copa/ que contiene el misterio de las cosas huidizas".

La lluvia es una presencia constante en el poemario — no la nieve, lo que resulta extraño —, y esa presencia se torna conmovedora: "Llueve tanto que hay algo quebrado por la lluvia/ algo que duele en Nueva York". Pero esa lluvia no cae realmente en Nueva York, esa lluvia cae en un lugar más lejano, cae en el pasado, en la isla, de la que el hablante lírico ha salido buscando el paraíso, sobre el cual ya no se mueve a engaño: "Lejos está la voz que promete el paraíso".

Esa lluvia, que viene del pasado, logra opacar la ciudad: "la ciudad es un astro roto/ oscuro bajo la lluvia que cae".

El viaje continúa, y desde esa proa lejana, el hablante lírico más que mostrar nos desnudan a la gran urbe: "los ansiosos balcones que como nido de pájaros/ solitarios envejecen". Y en un acto de profunda melancolía, nos dice: "Siempre acudo a ti casi derrotada/ a tu cielo oxidado y frío/ a tus jardines muertos en invierno/ al puntiagudo viento/ ondulante como la furia sorda de una ola/ Siempre acudo a ti/ a tu vagabundo meridiano/ suelta entre los náufragos que te habitan/ y te alejas".

El viajero se llena de dolor cuando exclama: "¡Madre!/ Siempre es gris en los cementerios". Porque este gris que el hablante lírico ha descubierto en los cementerios, está en todas partes, incluso en los desamparados que habitan la ciudad: "Bajo una luz en cuarto menguante se esconde el indigente, no lejos de la voz que le ha negado el paraíso. La piel de la ciudad es una vieja maleta donde desordena su equipaje y construye un nido de cosas inservibles, descartadas. Zurce cada día su armadura de harapos, sobreviviendo en las grietas de la ciudad completamente invisible".

El hablante lírico, en un acto de entrega a esa ciudad que lo derriba y a la vez lo salva, le dice: "Te doy mi desnudez/ que es larga y duele./ Te doy mi desnudez como una sombra retorcida/ esparcida en toda tu extensión/ y tengo frío".

Viandante en Nueva York es un poemario sombrío, melancólico, subyugante, que se abre como una ventana para mostrar un lado nuevo de la ciudad de Nueva York, de la mano de una poesía concisa y profunda. Abramos esa ventana y miremos. Si acaso nos perdemos, la poesía nos salvará.

Kianny Antigua

La ciudad de New York es una vorágine de cemento, capaz de devorar las más ruines de las almas. Asimismo, ha sido hogar, lienzo y musa de las más sublimes. La poeta Osiris Mosquea, como solo lo han logrado los grandes, ha visto más allá de los horarios retrasados, de la gente que cada vez se aísla más en su multitud cibernética, del averno que pueden llegar a ser los rascacielos y las luces que nos roban las estrellas de la noche. *Viandante en New York*, la poeta y su voz lírica, se han apoderado de esta ostentosa ciudad y nos la han entregado convertida en arte; pura y elevada poesía.

113

Jaime Manrique

Con Viandante en Nueva York, su segundo poemario, la madurez de la voz poética de Osiris Mosquea nos asombra con un estallido de imágenes deslumbrantes y versos desgarradores. Viandante en Nueva York es un homenaje al consabido Poeta en Nueva York de García Lorca (sin el surrealismo apocalíptico del andaluz), y a los poemas de Whitman sobre Manhattan (sin el optimismo y sentimentalismo del gran bardo), y a los versos desgarrados de Julia de Burgos (pero escritos por una sobreviviente). En estos poemas, Nueva York es una amante sorda y despiadada que nos atrapa en un abrazo de "carne enferma", al mismo tiempo que nos llena de placer y de inspiración. Al terminar este profundo libro, cierro los ojos (y en las palabras de Mosquea) siento que he viajado "en la pupila rosa de la tarde" hacia un horizonte desconocido.

Esteban Torres

La escritura que se demarca en la obra Viandante en New York, de la autoría de la escritora Osiris Mosquea, nos aproxima a una 'poética del agua y los sueños' en el decir de Gastón Bachelard que integra un universo espacial donde lo primigenio se transforma en paradoja de la imagen:

> [...]
> "En la primaria gestación con el soplo y el polvo
> Con la primera mentira y la primera manzana que inventó el pecado
> Cuando el primate diurno bajó del árbol" (*Inicio del viaje*).
> El sentido espacial de las imágenes-verbo describe un universo de lucidez inmediata frente a los fantasmas de las palabras-historia. Una convergencia entre la memoria del exilio y la fatalidad y errabunda de los espectros de la vida irracional partida en dobleces zoográficas:
> [...]

117

"Tú que te quedas en este péndulo de sueños
que viajas en la amplia maleta del tren
[…]
donde no se cuentan los naufragios
las veces que la nostalgia discreta
se cuelga en las alas de los pájaros
que ciegos se suicidan"
[…]
(*En la surte de la Isla*).

La obra *Viandante en New York*, es una respuesta a los fundamentos de la tradición moderna de una cultura entronizada en la ironía y el desatino de la secuencia de lo cotidiano permanente. Es una respuesta viral al lenguaje expoliado de contenidos y de simulaciones varias que arrastran la metafísica del percibir a la pesadilla de los sentimientos. De ahí que la poética de Osiris Mosquea es agua en desborde (tanto en la dinámica para el arrastre como en una visión espeleológica): "…y si nos encontramos con una transformación podemos estar seguros de que una imaginación material está obrando bajo el juego de las formas" (Gastón Bachelard: *El Agua y los Sueños* -Fondo de Cultura Económica-1997).

El tono elegíaco de su voz paradigmática se adviene a la falsa conciencia urbana que sumerge esencia e individualidad en una falsa vigilia de promesas que conforman un tejido asintomático de enajenación y vituperio:

> [...]
> "Dónde en tantas puertas cerradas
> cuando la noche se deshace
> del torbellino escuálido de un viaje
> [...]
> en la desembocadura de una voz
> fragmentada en tu pecho" (*Los ojos que te aguardan*).

La presencia de su voz remitente a una tercera persona que encadena a un yo rector-narrador permeable a un insondable universo de latitudes bloquea intermitentemente la imagen como fotograma. Sin embargo, potencia un recurso de permanencia narrativa donde el yo es esclavizado por un reducto de la realidad como acusación del Ser. "El medio ambiente en el que se desarrolla el cinismo de la nueva época se encuentra tanto en la cultura urbana como en la esfera cortesana. [...] Desde lo más bajo, es decir desde la inteligencia urbana y desclasada, y desde lo más alto, es decir, desde las cumbres de la conciencia política, llegan señales al pensamiento formal, señales que dan testimonio de una radical ironización de la ética y las convenciones sociales…" (Peter Sloterdijk: *Crítica de la razón cínica* –Editorial Siruela- Madrid, 2003).

El valor heurístico reside en las transposiciones de las sentencias en las fronteras del aforismo como sintagma…una especie de tejido mórbido donde lo que se muestra como afuera es fundamentalmente interioridad sufriente:

[…]

"en esta orilla de remota inocencia

te adentra al vacío.

Tu herida sabe de innumerables tiempos

[…]

sabe a la sangre que también es mía" (*Desconocido, deserto*).

La obra poética se muestra como una estela plegada en la parte central que constituye una homologación de la realidad transfigurada. Un ejercicio diacrónico de presentar lo real como parpadeo de una desiderata cuasi imposible: "…Pero, ¿no sería la tarea conectar la oposición entera de vivencia y experiencia a una teoría dialéctica del olvido? Se podría decir también: a una teoría de la cosificación. Porque toda cosificación es un olvido. Los objetos se vuelven cosas en el instante en que están determinados sin estar presentes en todos los fragmentos, en que algo de ellos se ha olvidado. Y se plantea la cuestión de hasta qué punto este olvido es el que conforma la experiencia, yo diría hasta qué punto es el olvido narrativo y hasta qué punto es el olvido reflejo" (Theodor W. Adorno: *Sobre Walter Benjamin* -Ediciones Cátedra, –Colección teorema- Madrid, 2001).

A pesar de que el yo-escenario acaba de invertir el término trágico de la doblez del sentido (el compás de una utopía al borde de perecer...) y de acabar de identificar la voz y la experiencia. "Según Freud, en la tragedia, en su versión tardía (Esquilo, Sófocles), ha quedado escamoteado el acto homicida de la horda fraterna transfigurada en séquito orgiástico del dios. En vez de producirse el sacrificio cruento y asesino del héroe a través de la horda, es el destino trágico, revelador de una culpa trágica transferida del coro al héroe..." (Eugenio Trías: *Lo Bello y lo Siniestro* -Editorial Ariel- Barcelona,1982).

[...]
"que naufrague el susurro del pasado que me pesa
las cicatrices que vuelven con los años
y el púrpura del árbol de las cosas imperfectas"
[...]
(*Finalmente*).

121

OSIRIS MOSQUEA

Nació en San Francisco de Macorís, República Dominicana. Realizó sus estudios universitarios en la Universidad Autónoma de Santo Domingo (U.A.S.D.) donde obtuvo su título de Licenciada en Contabilidad. Gestora cultural. Fue miembro fundadora del taller literario Búsqueda, donde contribuyó con la preparación y edición de la revista de dicho taller, publicando en la misma sus primeros poemas, en su país natal, República Dominicana. Fundadora de Trazarte Huellas Creativas en la ciudad de New York, y coeditora de Trazos, la voz escrita de dicha institución. Mosquea ha presentado sus escritos en las tertulias de la comunidad latina, así como en diferentes instituciones de la ciudad de New York. Sus trabajos han sido publicados en revistas y periódicos alternativos de la ciudad, en la revista digital *Mundo Cultural Hispano*; en la Antología poética *Terre de Poétes Terre de Paix*, París 2007; en la antología poética *Un Poema a Pablo Neruda* en Isla Negra, Chile 2010; en la *Antología del XIV Encuentro Internacional de Poetas en Zamora*, Michoacán México 2010; *Noches de Vino y Rosas, La Antología*, New York 2010; *Mujeres de Palabra Poética y Antología*, donde además es una de los editores, New York 2010; y en *Nostalgias de Arena* (Antología Escritores Comunidades Dominicanas en los Estados Unidos) República Dominicana 2011. Sus cuentos han sido publicados en la revista literaria *XALOC*, órgano oficial de la Casa de la Cultura de El Campello, Alicante España 2007. Ha sido invitada a diferentes encuentros literarios en los Estados Unidos, Centro, Sur América y Europa. Participó en París en el Primer Festival Internacional de Poetas a París por la Paz, en España con La Asociación de Nuevos Escritores de El Campello (ANUESCA) en Alicante, también en Chile, en el encuentro de Poetas del Mundo: Tras las Huellas del Poeta, y en México en el XIV Encuentro Internacional de Poetas en Zamora, Michoacán. Osiris también ha realizado cursos sobre Literatura y Sociedad, Medios de Comunicación y Juventud, Liderazgo, así como talleres literarios sobre apreciación poética y varios talleres de creación literaria infantil. Osiris Mosquea es miembro permanente del movimiento internacional, Poetas del Mundo con sede en Chile y extensiones en diversas partes del mundo. Fue finalista del concurso internacional de cuentos de Latín American Intercultural Alliance (LAIA). Tiene publicado un libro de poesía: *Raga del Tiempo*, 2009.

www.ingramcontent.com/pod-product-compliance
Lightning Source LLC
Chambersburg PA
CBHW021238090426
42740CB00006B/598